Pascale Leconte

Mon cahier de MANTRAS à colorier

Illustration : cdd20 de pixabay.com

© 2020 Pascale Leconte.
Éditeur : BoD-Books on Demand
12-14 rond-point des Champs-Élysées, 75008 Paris
Impression : Books on Demand, Norderstedt, Allemagne
Dépôt légal : Juin 2020.
ISBN : 9782322223947

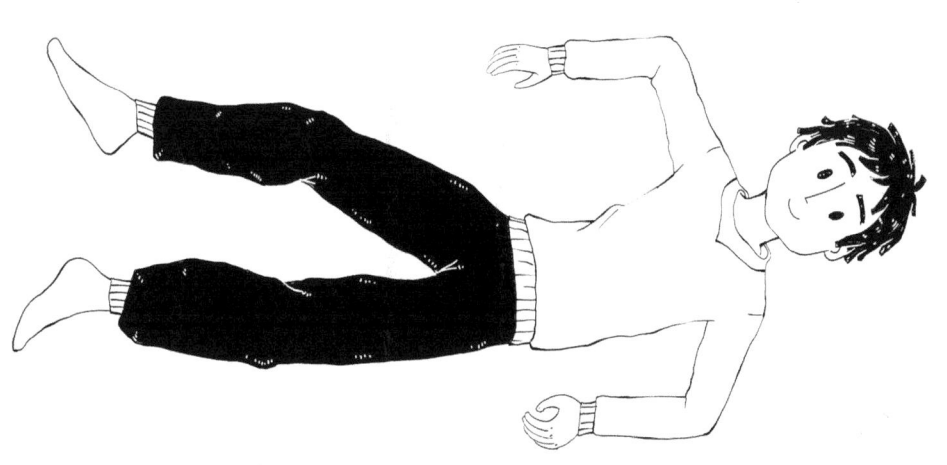

LE BIEN ET LE MAL
SONT LES DEUX FACES
D'UNE MÊME PIÈCE.
CETTE PIÈCE, C'EST MOI.
CETTE PIÈCE, C'EST TOUT.
LE BIEN ET LE MAL
SONT LES DEUX FACES
D'UNE MÊME PIÈCE.
CETTE PIÈCE, C'EST MOI.
CETTE PIÈCE, C'EST TOUT.

NI BIEN NI MAL

TOUT EST EXPÉRIENCE

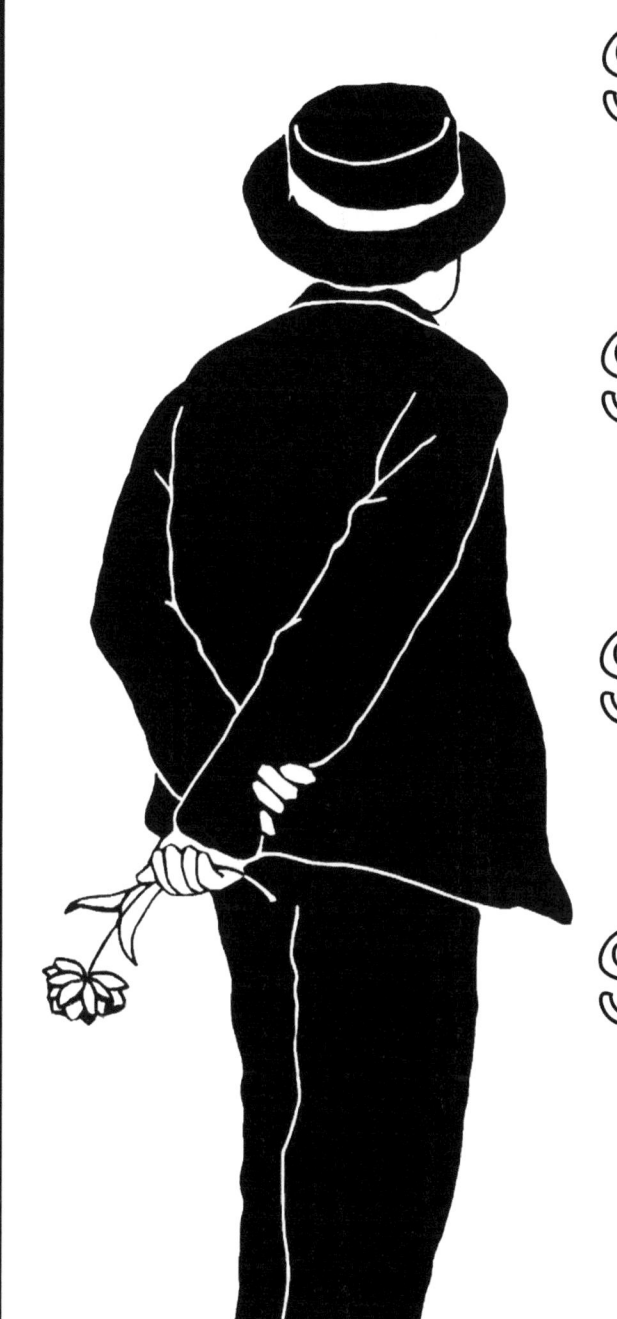

Que je l'aime ou que je le déteste, je suis lui. Il est moi.

AMOUR INCONDITIONNEL
AMOUR INCONDITIONNEL
AMOUR INCONDITIONNEL
AMOUR INCONDITIONNEL
AMOUR INCONDITIONNEL
AMOUR INCONDITIONNEL
AMOUR INCONDITIONNEL
AMOUR INCONDITIONNEL
AMOUR INCONDITIONNEL
AMOUR INCONDITIONNEL
AMOUR INCONDITIONNEL
AMOUR INCONDITIONNEL
AMOUR INCONDITIONNEL
AMOUR INCONDITIONNEL

Je m'aime sans condition

JE ME RESPECTE

JE RESPECTE MON CORPS

JE RESPECTE MES LIMITES

JE RESPECTE MES DECISIONS

J'observe les émotions qui me traversent.
Je ne suis pas ces émotions.
Elles passent juste par moi.

JE SUIS SOUVERAIN DE MA PROPRE VIE.
JE LÂCHE-PRISE CONCERNANT LA VIE DES AUTRES.

J'écoute ma joie. Il s'agit de ma boussole intérieure.

Autres parutions du même auteur :

L'éveil de la rose :
En quête d'une sexualité consciente
— Be Light Editions

Le dernier conte
— Be Light Editions

Framboise et volupté
— Stellamaris Editions

Amour Inconditionnel
— Stellamaris Editions

Guide créatif et joyeux du confinement
— BOD Editions

Le petit livre des mantras à murmurer
— Amazon Editions

D'Homo Sapiens à Homo Deus :
Comment finaliser l'évolution de l'humain ?
— BOD Editions

Mon recueil magique de recettes Arc-en-ciel
— Be Light Editions